ABC der Tiere

Schreiblehrgang

Schulausgangsschrift

Herausgegeben von
Klaus Kuhn

Erarbeitet von
Klaus Kuhn
Kerstin Mrowka-Nienstedt

Illustriert von
Heike Treiber

Name: ______________________________

Klasse: ______________________________

Mildenberger

Inhalt

Bildquellenverzeichnis

In der Klasse

1. Male gleiche Namensschilder mit derselben Farbe an.
2. Was fällt bei den Namen auf? Sprich mit anderen darüber.

1. Unterschiedliche Schriften zuordnen
2. Mit anderen über die Unterschiede bei den Schriften sprechen

n

1. n n n n n

n n n n n n n

n n n n

n n

2.

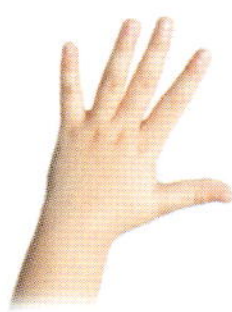

Hand

Hand

Insel

Insel

Hund

Hund

Pinsel

Pinsel

Sonne

Sonne

Tonne

Tonne

Kanne

Kanne

Tanne

Tanne

nun nun nun

nein nein nein

3. rennen kennen nennen

1. Nachspuren und schreiben
2. Nachspuren, bei zweisilbigen Wörtern mit zwei Farben
3. Nachspuren und mit zwei Farben schreiben

1.

e e e e e e e

e e e e e e e e e e e

e e e e e e

e e e

en en en en en

2.

Tannen

Tannen

Tonnen

Tonnen

Kannen

Kannen

Wannen

Wannen

rennen

rennen rennen

können

können können

nennen

nennen nennen

brennen

brennen brennen

3.

neun Sonne gewinnen

1. Nachspuren und schreiben
2. Zweisilbige Wörter mit zwei Farben nachspuren
3. Nachspuren, bei mehrsilbigen Wörtern mit zwei Farben

l

1.

l

Was fällt dir auf?

2.

3.

4.

Bälle

Tunnel

Wolle

Füller

bellen

bellen

rollen

rollen

1. Nachspuren und schreiben
2. Nachspuren und schreiben
3. Nachspuren und schreiben
4. Mit zwei Farben nachspuren

1.

m m m m m m

m

m m m m m m

m m m

me me me

men men men men

2.

Hammer

Hammer

Trommel

Trommel

Hummer

Hummer

Himmel

Himmel

kommen

kommen kommen

kämmen

kämmen kämmen

summen

summen summen

brummen

brummen brummen

3. Lämmer rennen schnell.

1. Nachspuren und schreiben
2. Mit zwei Farben nachspuren
3. Nachspuren, bei zweisilbigen Wörtern mit zwei Farben

i u

1\. i i i i u u u

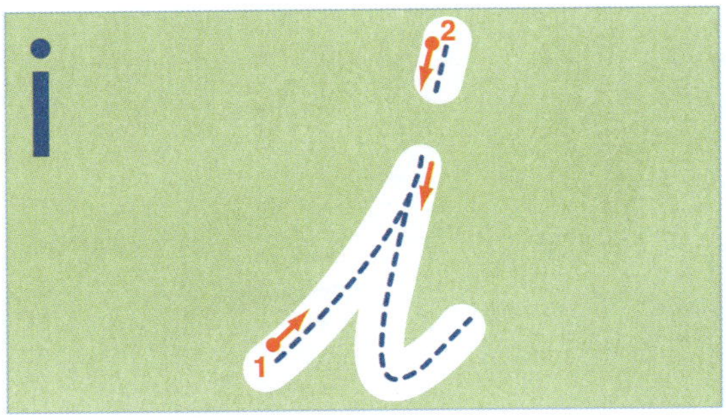

i i i i i i

i i i i

2\.

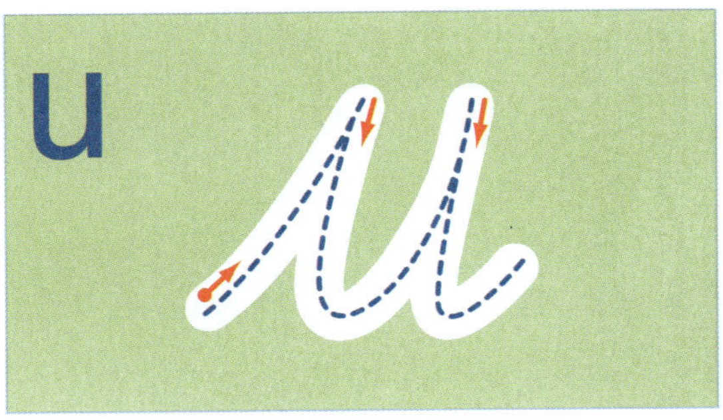

u u u u u u

u u u u u

3\.

im — *im*

um — *um*

in — *in*

nun — *nun*

Himmel — *Himmel*

Hummel — *Hummel*

4\. im oder um? Vergleiche mit einem Partner.

1\. Nachspuren und schreiben
2\. Nachspuren und schreiben
3\. Nachspuren und schreiben
4\. „im“ oder „um“ passend schreiben und mit einem Partner vergleichen

O o

1.

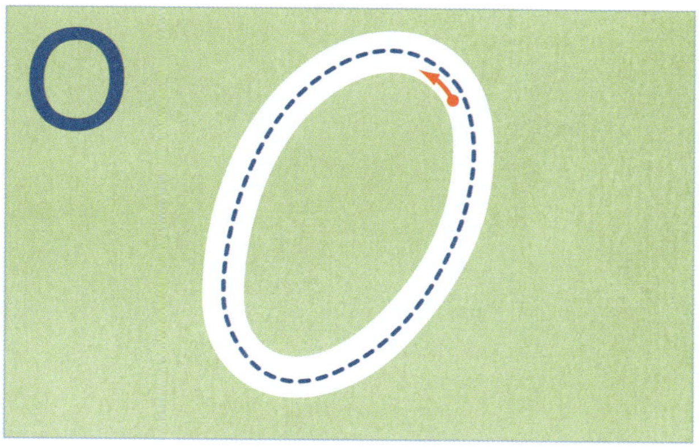

2.

Omi

Limo

Mio

Lilo

Memo

Timo

rollen

rollen

wollen

wollen

3. Mio will Limo.

1. Nachspuren unc schreiben; Knoten beachten (Lupe)
2. Mit zwei Farben nachspuren
3. Mit zwei Farben nachspuren

A a

1. A A A A A

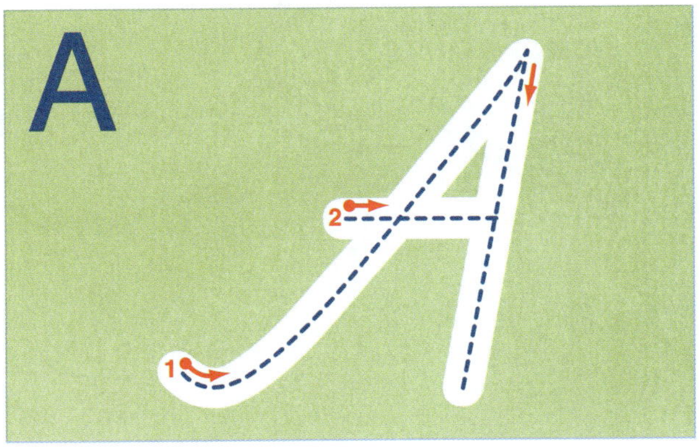

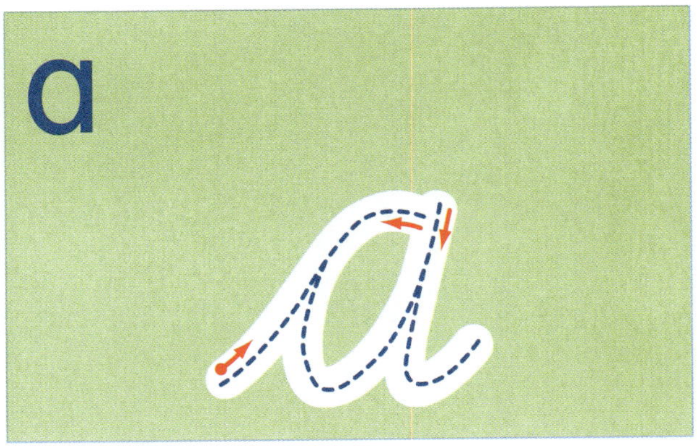

A A A A A

a a a a a

A A

ma ma ma

2. 

Salami

Salami

Salat

Salat

Mama

Mama

Lama

Lama

3. Aal

Aal Aal Aal

Aal

Ali

Ali Ali Ali

Ali

4. *Alle malen Oma.*

1. Nachspuren und schreiben
2. Mit zwei Farben nachspuren
3. Nachspuren und schreiben, bei zweisilbigen Wörtern mit zwei Farben
4. In Schreibschrift mit zwei Farben schreiben

Au au

1\.

Au Au Au | au au

Au Au | mau mau

2\.

Auge

Auge

Maus

Maus

Auto

Auto

blau

blau

3\. Aula | Aula

Aula Aula

miau | miau

miau miau

lau | lau

lau lau

1\. Nachspuren und schreiben
2\. Zweisilbige Wörter mit zwei Farben nachspuren
3\. Nachspuren und schreiben, bei zweisilbigen Wörtern mit zwei Farben

D d

1.

D

d

Da

da

2.

Dame

Dame

Dino

Dino

Pudel

Pudel

Daumen

Daumen

3. Ergänze den fehlenden Artikel. Vergleiche mit einem Partner.

Mia und Mio malen ... Dino.

1. Nachspuren und schreiben
2. Mit zwei Farben nachspuren und schreiben
3. Fehlenden Artikel ergänzen, Satz mit zwei Farben schreiben und mit einem Partner vergleichen

t

1. t t t t t t t t

t t t t t

ta ta

tu tu

2.

Betten

Betten

Boot

Boot

Noten

Noten

Hut

Hut

3. mit

mit mit mit

Otto

Otto Otto

Auto

Auto Auto

4. Otto malt den tollen Dino.

1. Nachspuren und schreiben
2. Nachspuren, bei zweisilbigen Wörtern mit zwei Farben
3. Nachspuren und schreiben, bei zweisilbigen Wörtern mit zwei Farben
4. Satz in Schreibschrift und mit zwei Farben schreiben

T

1.

T

Ta

To

2.

Tanne Tanne

Tonne Tonne

Tinte Tinte

Tante Tante

3.

Ti – na / mo

Tina

Au / Ot – to

1. Nachspuren und schreiben
2. Mit zwei Farben nachspuren und schreiben
3. Silben verbinden und mit zwei Farben nachspuren und schreiben

N

1. N N N N N

N N N

Na Na Na

Ne Ne Ne

2. 

Nest

Nest

Nagel

Nagel

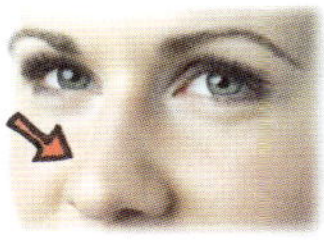

Nase

Nase

Nüsse

Nüsse

Name

Name

Name Name

3. 

Nena

Nadel

4. Nena und Nele malen Noten.

1. Nachspuren und schreiben
2. Mit zwei Farben nachspuren und schreiben
3. Zauberwörter finden: Nachspuren, Buchstaben tauschen und mit zwei Farben schreiben
4. Satz in Schreibschrift und mit zwei Farben schreiben

M

1. M M M M

M M M

Ma Ma Ma

Me Me Me

2.

Mio — Mio

Mio Mio

Mia — Mia

Mia Mia

Mimi — Mimi

Mimi Mimi

Muli — Muli

Muli Muli

3.

Mia

Mama

1. Nachspuren und schreiben
2. Mit zwei Farben nachspuren und schreiben
3. Zauberwörter finden: Nachspuren, Buchstaben tauschen und mit zwei Farben schreiben

S

1\.

S S S S

Sa Sa Sa

Se Se Se

2\.

Sonne Sonne

Sonne Sonne

Salat Salat

Salat Salat

Sand Sand

Sand Sand

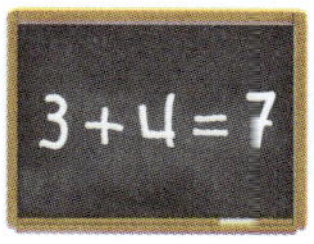

Summe Summe

Summe Summe

3\.

4\.

Sina
Selina
Simone

malt

den Salat.
die Sonne.
den Sattel.

1\. Nachspuren und schreiben
2\. Mit zwei Farben nachspuren und schreiben
3\. Aus Silben Wörter bilden und mit zwei Farben schreiben
4\. Sätze bilden und in Schreibschrift mit zwei Farben schreiben

s

1.

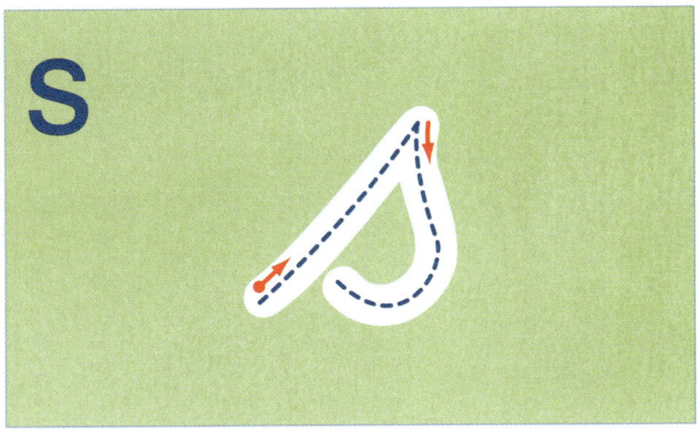

s s s s s . . s

sa sa . . sa

se se . . se

2.

Tasse — Tasse . . . Tasse

Sessel — Sessel . . Sessel

Dose — Dose . . . Dose

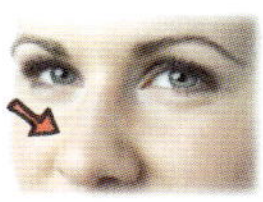

Nase — Nase . . . Nase

3. die oder das ? Entscheide selbst.

die Rose	Haus	Auto
Heft	Maus	Radio

4. ist oder sind? Vergleiche mit einem Partner.

Selina ☆ im See. Simone ☆ im Sattel.
Sina und Susi ☆ am Sessel.

1. Nachspuren und schreiben
2. Mit zwei Farben nachspuren und schreiben
3. „die“ oder „das“ passend einsetzen und schreiben
4. „ist“ oder „sind“ passend einsetzen; in Schreibschrift mit zwei Farben schreiben; mit einem Partner vergleichen

Rr

1.

R r

R R R R

r r r r r

Ra Ra Ra

re re re re

Ro Ro Ro

ri ri ri ri

2. Was passt? Verbinde.

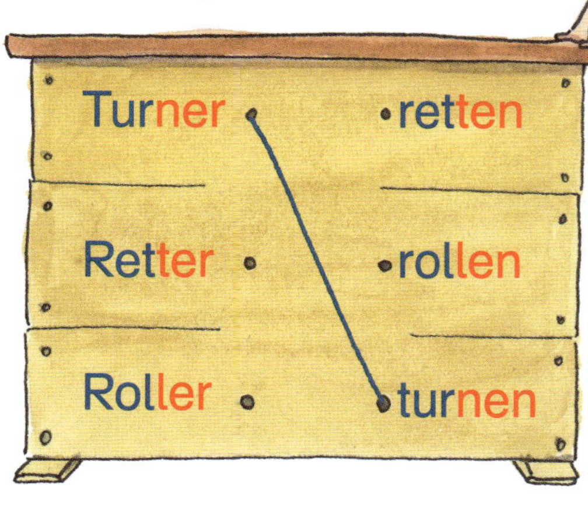

Turner – turnen

3. Wie ist das Rad? Kreuze an.

- ○ rot
- ○ arm
- ○ laut
- ○ nett
- ○ rosa
- ○ rund

4. Das Rad ist ______ und ______ .

1. Nachspuren und schreiben
2. Nomen und Verben verbinden; mit zwei Farben nachspuren und schreiben
3. Passende Adjektive ankreuzen
4. Passende Adjektive schreiben

B b

1. b b b b b b

B

b

B B B B B

b b b b

Ba Ba Ba

be be be

Bi Bi Bi

bu bu bu

2.

Birne — Birne

Birne Birne

Brille — Brille

Brille Brille

Rabe — Rabe

Rabe Rabe

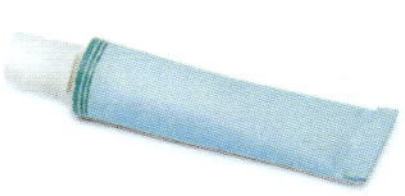

Tube — Tube

Tube Tube

3. Schreibe die Sätze auf: *Beate badet* ...

1. Nachspuren und schreiben; Knoten beachten (Lupe)
2. Mit zwei Farben nachspuren und schreiben
3. Sätze bilden; in Schreibschrift mit zwei Farben schreiben

H h

1. h h h h h h h

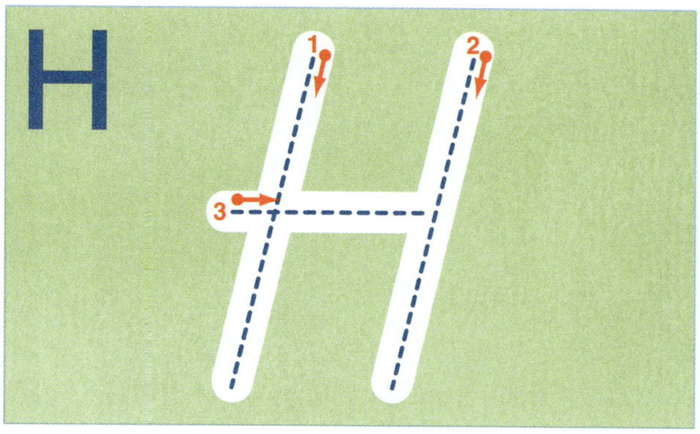

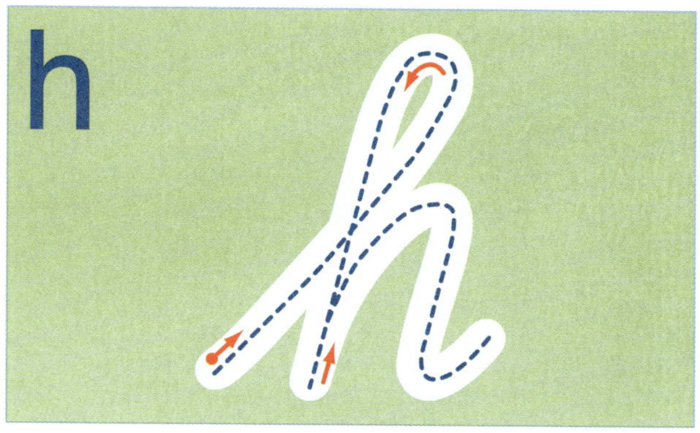

H H H H | h h h h h
Ha Ha Ha | he he he
Hu Hu Hu | ho ho ho

2.

Helm
Helm Helm
Helm

Hemd
Hemd Hemd
Hemd

3.

Hase a o Hose

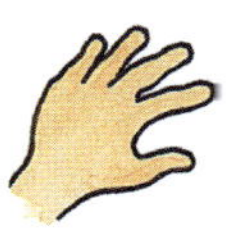

Hand a u

Hahn a u

4. Schreibe die vier Tiernamen von Aufgabe 3 so auf:
der Hase, …

1. Nachspuren und schreiben
2. Nachspuren und schreiben
3. Zauberwörter finden: Nachspuren, Buchstaben tauschen und mit zwei Farben schreiben
4. In Schreibschrift mit zwei Farben schreiben

C c

1.

C c

C Ce Co

c ca cu

2.

Cent

Cent

Comic

Comic

3. Verbinde.
Schreibe auf.

Cornelia

- liest
- cremt

- die Haut ein.
- den Comic.

4. Was macht Cornelia noch?

Cornelia ...

1. Nachspuren und schreiben
2. Mit zwei Farben nachspuren und schreiben
3. Sätze bilden und mit zwei Farben schreiben
4. Weitere Sätze in Schreibschrift mit zwei Farben schreiben

Ch ch

1. Ch ch

Ch Ch Ch

ch ch ch

Cha Cha

che che che

2. 

Chor — Chor

Chor Chor

Dach — Dach

Dach Dach

3. 

Nomen	Verben
Nacht	

4. Schreibe zu jedem Verb von Aufgabe 3 einen Satz: *Chris rechnet …*
Kontrolliere die Sätze mit einem Partner und vergleicht sie in der Klasse.

1. Nachspuren und schreiben
2. Nachspuren und schreiben
3. Nomen und Verben zuordnen; mit zwei Farben nachspuren und schreiben
4. Weitere Sätze in Schreibschrift mit zwei Farben schreiben; mit einem Partner austauschen und in der Gruppe vorstellen

Sch sch

1. Sch sch

Sch Sch Sch | sch sch sch

Scha Scha | sche sche

2.

Schlitten — Schlitten

Schlitten Schlitten

Schere — Schere

Schere Schere

Tasche — Tasche

Tasche Tasche

3. Wer macht was?

4. Schreibe auf, was du alles machst: *schnorcheln*, …
Vergleiche mit einem Partner und stellt in der Klasse vor.

1. Nachspuren und schreiben
2. Mit zwei Farben nachspuren und schreiben
3. Verben zuordnen und mit zwei Farben schreiben
4. Weitere Wörter in Schreibschrift mit zwei Farben schreiben, mit einem Partner austauschen und in der Gruppe vorstellen

E

1. E E E E E E E E E

E E E E E E E

E E E E E

Ela Ela Ela

Emil Emil

2.

Esel — Esel

Esel Esel

Elch — Elch

Elch Elch

Emu — Emu

Emu Emu

Ente — Ente

Ente Ente

3. Bilde neue Wörter:

Erdnuss

4. Schreibe diesen und weitere Sätze mit E auf:

Emil erntet rote Erdbeeren. ...

1. Nachspuren und schreiben; zweisilbige Wörter mit zwei Farben nachspuren und schreiben
2. Mit zwei Farben nachspuren und schreiben
3. Zusammengesetzte Wörter bilden und mit zwei Farben schreiben
4. Diesen und weitere Sätze in Schreibschrift mit zwei Farben schreiben

Ei ei

1. Ei | ei

Ei Ei Ei | ei ei ei

Eis Eis Eis | ein ein ein

2. 

Eimer — Eimer Eimer

eilen — eilen eilen

 3. ein oder eine? Vergleiche mit einem Partner.

 Tasse

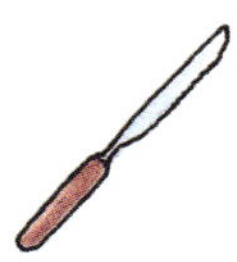 Messer

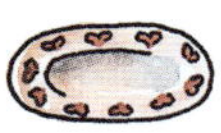 Teller

 Schale

4.  Riese — ie → ei 

 Biene — ie → ei 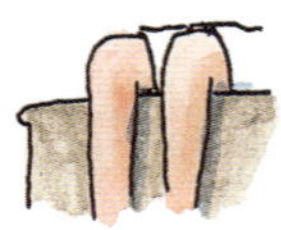

 Schiene — ie → ei 

1. Nachspuren und schreiben
2. Mit zwei Farben nachspuren und schreiben
3. „ein“ oder „eine“ passend schreiben und mit zwei Farben nachspuren und mit einem Partner vergleichen
4. Zauberwörter finden: Nachspuren, Buchstaben tauschen und mit zwei Farben schreiben

Eu eu

1. Eu eu

Eu Eu Eu | eu eu eu

Eule Eule | neu neu

2. 

Euro

Euro Euro

Scheune

Scheune Scheune

3.  Eile — Ei → Eu — 

 Scheine — ei → eu — 

 nein — ei → eu — 

4. Verbinde und schreibe auf.

1. Nachspuren und mit zwei Farben schreiben
2. Mit zwei Farben nachspuren und schreiben
3. Zauberwörter finden: Nachspuren, Buchstaben tauschen und mit zwei Farben schreiben
4. Silben verbinden und Wörter in Schreibschrift mit zwei Farben schreiben

L

1.

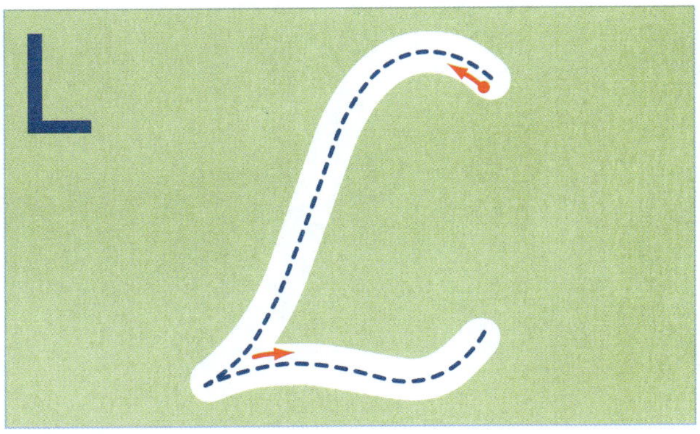

La

2.

Laterne

Leute

Leiter

3. Schreibe nur die Tiernamen auf.

Licht
~~Lamm~~
Lama
Loch
Lehrerin
Lerche
Laus
Land

Lamm

4. Schreibe die übrigen Wörter aus Aufgabe 3 mit Artikel auf.

das Licht, …

1. Nachspuren und schreiben
2. Mit zwei Farben nachspuren und schreiben
3. Tiernamen finden und mit zwei Farben nachspuren und schreiben
4. Übrige Wörter in Schreibschrift mit zwei Farben schreiben

I

1.

I I I I I I I

Ida Ida

Iris Iris

2.

Indianer Indianer

Indianer Indianer

Insel Insel

Insel Insel

Italien Italien

Italien Italien

3.

4. Schreibe auf, was du gerne machst. *Ich ...*
Vergleiche mit einem Partner und stellt in der Klasse vor.

1. Nachspuren und mit zwei Farben schreiben
2. Mit zwei Farben nachspuren und schreiben
3. Sätze zuordnen und mit zwei Farben schreiben
4. Weitere Sätze in Schreibschrift mit zwei Farben schreiben, mit einem Partner austauschen und in der Gruppe vorstellen

J j

1.

J j

J J J J

Ja Ja Ja

Je Je Je

j j j j j j

ja ja ja

ju ju ju

2. Judo Judo

Judo Judo

jubeln jubeln

jubeln jubeln

3. Kreuze an. Vergleiche mit deinem Partner.

	richtig	falsch
Im Juni schneit es.	○	○
Im Januar schneit es.	○	○
Ein Jahr hat neun Monate.	○	○
Herbst ist im Juli.	○	○
Ali und Ines machen Judo.	○	○

4. Schreibe die richtigen Sätze von Aufgabe 3 auf.

1. Nachspuren und schreiben
2. Mit zwei Farben nachspuren und schreiben
3. Leseverständnis; Lösung mit dem Partner vergleichen
4. Sätze in Schreibschrift und mit zwei Farben schreiben

G g

1. g g g g g g g g g

G g

G G G G g g g g g

Ga Ga Ga ge ge ge

Gi Gi Gi go go go

2. 

Garn Garn

Garn Garn

Geige Geige

Geige Geige

3.  Glas l  r 

 Geld e  o 

 Gabel a  ie 

 4. Schreibe diesen und weitere Sätze mit G g in Schreibschrift auf:
Gisela und Gabi grillen im Garten. …

1. Nachspuren und schreiben
2. Mit zwei Farben nachspuren und schreiben
3. Zauberwörter finden: Nachspuren, Buchstaben tauschen und mit zwei Farben schreiben
4. Diesen und weitere Sätze in Schreibschrift mit zwei Farben schreiben

K k

1. k k k k k k

K K K

k k k k k

Ke Ke Ke

ko ko ko

2.

Kirschen Kirschen

Kirschen Kirschen

Kiste Kiste

Kiste Kiste

3.

Die Kakadus kreischen.

1. Nachspuren und schreiben
2. Mit zwei Farben nachspuren und schreiben
3. Sätze bilden und in Schreibschrift mit zwei Farben schreiben

ck

1. 

ck ck . . ck

ck ck . . ck

dick . dick

Jacke Jacke

2. Verbinde.

Schnecke

3. Schreibe die Reimwörter untereinander.

Glocke

4. Schreibe weitere lustige Sätze auf, wie zum Beispiel:
Schicke Socken hocken unter der dicken Decke.
Vergleiche mit einem Partner und stellt in der Klasse vor.

1. Nachspuren und mit zwei Farben schreiben
2. Aus Silben Wörter bilden und mit zwei Farben schreiben
3. Reimwörter zuordnen und mit zwei Farben schreiben
4. Diesen und weitere Sätze in Schreibschrift mit zwei Farben schreiben, mit einem Partner austauschen und in der Gruppe vorstellen

P p

1. P P p p

P Pa p pa

2. 

Papagei

Pappe

Raupe

3. Schreibe nur die Tiernamen auf.

Pudel

4. Schreibe zu den übrigen Nomen aus Aufgabe 3 jeweils einen Satz.

1. Nachspuren und schreiben
2. Mit zwei Farben nachspuren und schreiben
3. Tiernamen finden und mit zwei Farben schreiben
4. Sätze in Schreibschrift mit zwei Farben schreiben

Sp sp

1. Sp sp

Sp Sp

Spa Spa

sp sp

spe spe

2. Sport Sport

Sport Sport

sprechen sprechen

sprechen sprechen

3. Spiegeleier mit Speck

Spiegeleier mit Spinat

Spaghettieis

Spinatsuppe

Bananensplit

Menü

Vorspeise

Hauptspeise

Nachtisch

1. Nachspuren und schreiben
2. Mit zwei Farben nachspuren und schreiben
3. Menü auswählen und in Schreibschrift mit zwei Farben schreiben

St st

1. St st

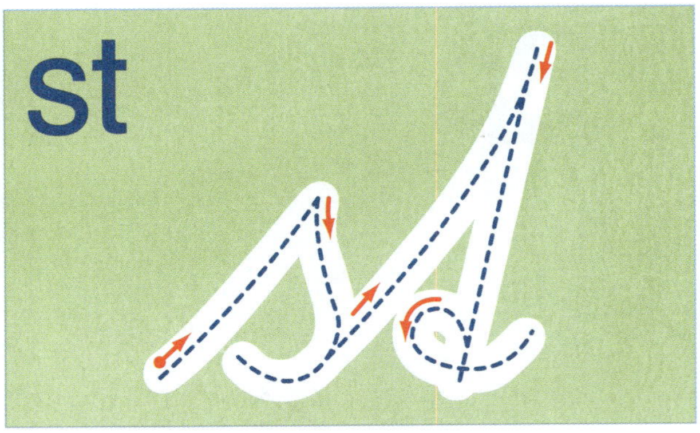

St St St

Sta Sta Sta

st st st

ste ste ste

2. Stunde Stunde

Stunde Stunde

stellen stellen

stellen stellen

3. Sp sp oder St st ?

Vier Nomen und vier Verben sind versteckt.

Sp sp St st

4. Schreibe alle Verben von Aufgabe 3 auf: *sparen*, ...

Vergleiche mit einem Partner.

1. Nachspuren und schreiben
2. Mit zwei Farben nachspuren und schreiben
3. Wörter bilden mit Sp sp oder St st und passend schreiben
4. Verben in Schreibschrift mit zwei Farben schreiben und mit einem Partner vergleichen

F f

1. F f

F F F

Fa Fa Fa

f f f

fe fe fe

2. 

Frau — Frau

Frau Frau

Schiffe — Schiffe

Schiffe Schiffe

3. Was passt? Verbinde.

4. Schreibe so auf: *fehlen – der Fehler*

1. Nachspuren und schreiben
2. Mit zwei Farben nachspuren und schreiben
3. Verben und Nomen verbinden
4. Verben und Nomen aus Aufgabe 3 in Schreibschrift mit zwei Farben schreiben

Pf pf

1. Pf pf

Pf Pf Pf — pf pf pf

Pfa Pfa Pfa — pfe pfe pfe

2.

Pfeife Pfeife

Pfeife Pfeife

Kopf Kopf

Kopf Kopf

3. F oder Pf ?

anne

isch

au

euer

erd

liege

4. Setze die Wörter zusammen: *der Apfelkuchen, …*

Kuchen ←  → Mus

Saft ← → Kompott

1. Nachspuren und schreiben
2. Mit zwei Farben nachspuren und schreiben
3. Wörter bilden mit F f oder Pf pf und passend schreiben
4. Zusammengesetzte Wörter bilden und in Schreibschrift mit zwei Farben schreiben

V v

1.

V V V

Vo Vo Vo

v v v

ve ve ve

2.

3.

verlassen

 4. Schreibe diese und weitere Sätze mit V v in Schreibschrift auf:
Vera verkleidet sich als Vampir. Veit verliert viele Stifte.
Verena versteckt sich auf der Veranda. …

1. Nachspuren und schreiben; Knoten beachten (Lupe)
2. Wörter passend mit zwei Farben schreiben
3. Verben mit Wortbaustein „ver-“ oder „vor-“ mit zwei Farben schreiben
4. Sätze in Schreibschrift mit zwei Farben schreiben

W w

1.

W W · · · W

w w · · · · w

Wa Wa · Wa

we · · · · · we

2.

3. Was passt?

Der ______ schwimmt im Meer.

Hundekinder nennt man ______.

______ sind Insekten.

4. Schreibe die Sätze von Aufgabe 3 ab.

1. Nachspuren und schreiben; Knoten beachten (Lupe)
2. Wörter passend mit zwei Farben schreiben
3. Nomen passend einsetzen und nachspuren
4. Sätze in Schreibschrift mit zwei Farben schreiben

Z z

1\.

Z Z Z

z z z

Za Za Za

ze ze ze

2\.

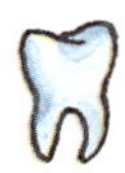

3\.

Zelt
Tiere
Wagen

Zirkuszelt

4\. Schreibe diesen und weitere Sätze mit Z z in Schreibschrift auf:
Zehn zahme Ziegen zogen zehn Zentner Zucker zum Zoo. …

1. Nachspuren und schreiben
2. Wörter passend mit zwei Farben schreiben
3. Zusammengesetzte Wörter bilden und mit zwei Farben schreiben
4. Diesen und weitere Sätze in Schreibschrift mit zwei Farben schreiben

tz

1\. 

tz tz tz

Spatz Spatz

Katze Katze

Blitz Blitz

2\. 

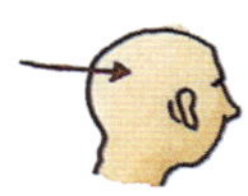

3\. 

Immer drei Wörter reimen sich.

Schatz

4\. Schreibe zu jedem Verb aus Aufgabe 3 einen Satz, zum Beispiel:

Die Kinder ritzen Herzen in das Holz.

1. Nachspuren und mit zwei Farben schreiben
2. Wörter passend mit zwei Farben schreiben
3. Reimwörter zuordnen und mit zwei Farben schreiben
4. Sätze in Schreibschrift mit zwei Farben schreiben

U u

1.

U U U

Uhr Uhr Uhr

Uhu Uhu

Uli Uli

2.

3.

Un

- Sinn
- Recht
- Ruhe
- Kraut

der Sinn — der Unsinn

4. Urs und Uli umarmen Ursula unter Ulmen.

5. Schreibe selbst einen Zungenbrecher mit U u.
Vergleiche mit einem Partner und stellt in der Klasse vor.

1. Nachspuren und mit zwei Farben schreiben
2. Wörter passend mit zwei Farben schreiben
3. Gegensatzpaare mit zwei Farben schreiben
4. Satz schreiben
5. Zungenbrecher in Schreibschrift und mit zwei Farben schreiben, mit einem Partner austauschen und in der Gruppe vorstellen

Y y

1. Y y

Y Y . . . . . Y

y y . . . . y

Yo Yo . . . Yo

by by . . . by

2. Baby Yoga Yak Pony

3.

4. Finde immer mindestens zwei Wörter.

Y wie in Yak: Yeti, ...

y wie in Dynamo: ...

y wie in Pony: ...

1. Nachspuren und schreiben
2. Wörter passend mit zwei Farben schreiben
3. Aus Silben Wörter bilden und mit zwei Farben schreiben
4. Wörter in Schreibschrift mit zwei Farben schreiben

1.

X X X

x x x

Xa Xa Xa

xe xe xe

2.

3.

Hexenhaus

4. Was verhext Hexe Trixi?

Schreibe weitere Sätze und vergleiche mit einem Partner,

zum Beispiel: *Hexe Trixi verhext den Besen.*

1. Nachspuren und schreiben; Knoten beachten (Lupe)
2. Wörter passend mit zwei Farben schreiben
3. Zusammengesetzte Wörter bilden und mit zwei Farben schreiben
4. Sätze in Schreibschrift mit zwei Farben schreiben

Qu qu

1. Qu qu

Qu Qu Qu

Qua Qua

qu qu qu

qui qui qui

2. 

 Aquarium

3. 

 4. Schreibe weitere Wörter mit Qu qu auf.
Vergleiche mit einem Partner und stellt in der Klasse vor.

1. Nachspuren und schreiben
2. Wörter passend mit zwei Farben schreiben
3. Sätze bilden und mit zwei Farben schreiben
4. Wörter in Schreibschrift mit zwei Farben schreiben; mit einem Partner austauschen und in der Gruppe vorstellen

nk ng

1. nk ng

nk nk nk

Bank Bank

ng ng ng

eng eng

2. nk oder ng ?

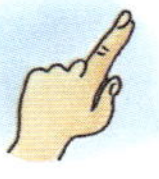

3. Verbinde.

Der Junge	singt	langsam herunter.
Der Onkel	bringt	vor dem Vorhang.
Die Schranke	sinkt	eine Angel mit.

4. Schreibe die Sätze von Aufgabe 3 auf.

1. Nachspuren und schreiben
2. Wörter passend mit zwei Farben schreiben
3. Sätze bilden
4. Sätze in Schreibschrift mit zwei Farben schreiben

ß

1. 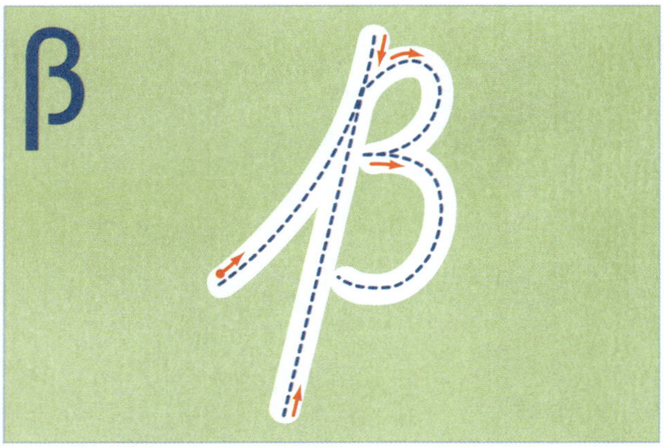

ß

groß

weiß

heiß

2. 

Soße

Soße

Strauß

Strauß

3. Ruß   reißen   Gruß   gießen   heißen

schießen   Fuß   beißen   fließen

Immer drei Wörter reimen sich.

Ruß

4. Ich heiße .

Meine Mama heißt .

Mein Papa heißt .

5. Schreibe die Sätze von Aufgabe 4 auf.

1. Nachspuren und mit zwei Farben schreiben
2. Wörter mit zwei Farben nachspuren und schreiben
3. Reimwörter zuordnen und mit zwei Farben schreiben
4. Namen mit zwei Farben schreiben
5. Sätze in Schreibschrift mit zwei Farben schreiben

chs

1. 

chs chs

sechs sechs sechs

Wachs Wachs

Echse Echse

2.  Fuchs F 

 Lachs L 

 Ochse O 

3. Verbinde.

Der Luchs ist • • eine Raubkatze.

Der Lachs ist • • ein Rind.

Der Ochse ist • • ein Fisch.

Schreibe die Sätze.

 4. Was ist ein Dachs? Schreibe auf.
Vergleiche mit einem Partner und stellt in der Klasse vor.

1. Nachspuren und mit zwei Farben schreiben
2. Zauberwörter finden: Nachspuren, Buchstaben tauschen und mit zwei Farben schreiben
3. Sätze bilden und mit zwei Farben schreiben
4. Sätze in Schreibschrift und mit zwei Farben schreiben, mit dem Partner austauschen und in der Gruppe vorstellen

ai

1.

ai ai ai

Hai Hai Hai

Mai Mai Mai

Mais Mais

2.

3. Schreibe die Sätze in Schreibschrift. Ergänze die fehlenden Wörter.

Mai Hai Kaiser Saiten

Der … regiert ein Reich.
Der … hat eine Rückenflosse.
Die Geige hat vier … .
Der … ist der fünfte Monat.

4. Schreibe zusammengesetzte Wörter mit Mai auf.

der Maikäfer, der Maibaum, …

1. Nachspuren und schreiben
2. Wörter passend mit zwei Farben schreiben
3. Sätze in Schreibschrift und mit zwei Farben schreiben
4. Zusammengesetzte Wörter in Schreibschrift und mit zwei Farben schreiben

Ä ä

1.

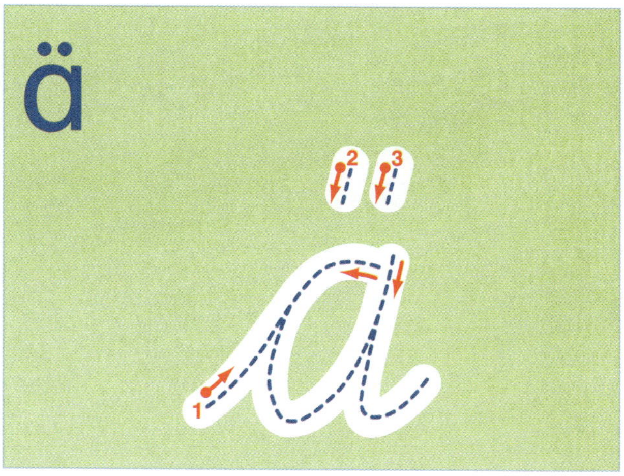

Ä Ä Ä

ä ä ä

Ähre Ähre

Bär Bär Bär

2. Aus a wird ä.

 ein Apfel

 viele Äpfel

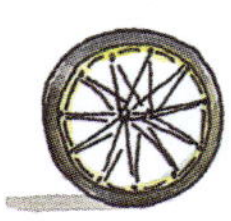

3. Finde die passenden Verben.

Nomen	Verben
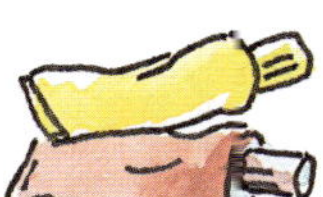 Farben	färben
 Bäcker	
 Fähre	
 Zahl	

1. Nachspuren und mit zwei Farben schreiben
2. Mehrzahl bilden und mit zwei Farben schreiben
3. Nomen nachspuren, passende Verben finden und mit zwei Farben schreiben

Äu äu

1. Äu äu

Äu Äu Äu

äu äu äu

2. Säulen Säulen

Säulen Säulen

Räuber Räuber

Räuber Räuber

Läufer Läufer

Läufer Läufer

3. Aus groß wird klein.

 Daumen

 Däumchen

4.

Schreibe so: *ein Zaun – viele Zäune*

1. Nachspuren und schreiben
2. Mit zwei Farben nachspuren und schreiben
3. Verkleinerung bilden und mit zwei Farben schreiben
4. Mehrzahl bilden und in Schreibschrift mit zwei Farben schreiben

Ö ö

1. Ö

ö

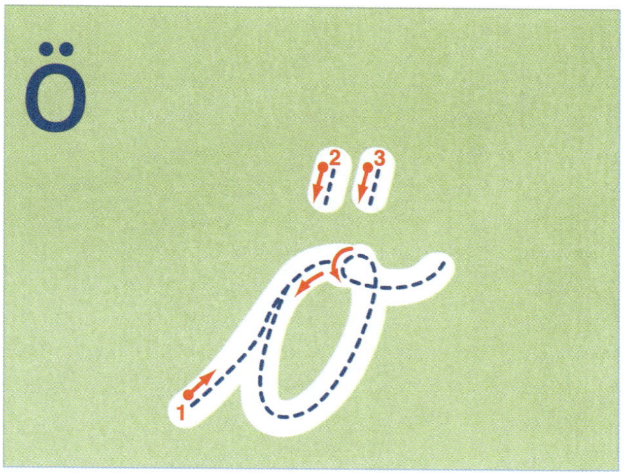

Ö Ö Ö

ö ö ö

Öl Öl Öl

Löwe Löwe

Öse Öse Öse

König König

2.

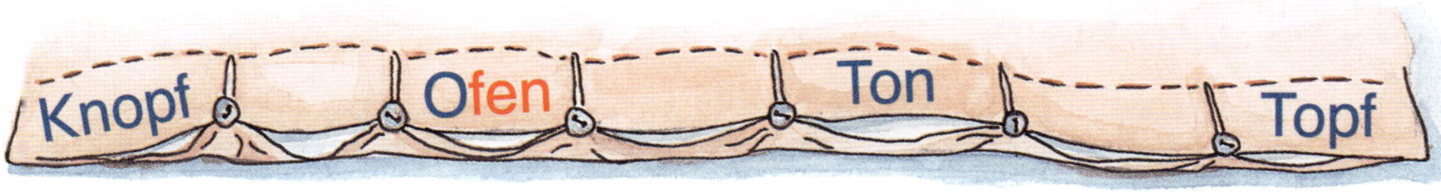

 ein Ofen

 viele Öfen

 3. Schreibe die Sätze auf und ergänze die Verben.
Vergleiche mit deinem Partner.

1. Nachspuren und mit zwei Farben schreiben
2. Mehrzahl bilden und mit zwei Farben schreiben
3. Sätze in Schreibschrift und mit zwei Farben schreiben

Ü ü

1\. 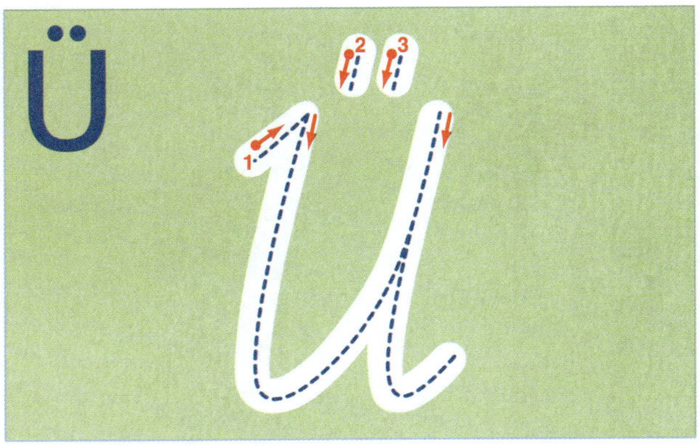

Ü Ü Ü

ü ü ü

2\. 

Tür Tür

Tür

Überraschung Überraschung

Überraschung

3\. Aus groß wird klein.

 eine Suppe

 ein Süppchen

Im Riesenland

Der Riese isst seine Suppe in der Küche.

Dann schlägt die Uhr zweimal.

Er setzt seinen Hut auf.

Nun geht er mit seinem Hund in den Garten.

 4. Wie lautet die Geschichte im Zwergenland?

Der Zwerg isst sein Süppchen …

1. Nachspuren und schreiben
2. Mit zwei Farben nachspuren und schreiben
3. Verkleinerung bilden und mit zwei Farben schreiben
4. Geschichte in Schreibschrift und mit zwei Farben schreiben

Nach ***Ei/ei*** *(ab Seite 26)*

Besuch bei Tante Nora

Sina besucht Tante Nora.
Sie bauen einen hohen Turm.
Dann basteln sie Blumen und malen ein Bild.
Bei Tante Nora ist es toll!

Nach ***G/g*** *(ab Seite 31)*

Im Garten

Tims Eltern haben einen Garten mit einem Teich.
Im Sommer badet Tim darin.
Die Eltern ernten Birnen und Johannisbeeren.
Nach der Arbeit grillen sie gemeinsam.

Nach ***F/f*** *(ab Seite 37)*

Lesenacht

Es ist Abend.
Die Kinder der ersten Klasse sind in der Schule.
Sie lesen eine spannende Geschichte.
Auf einmal kommt ein kleines Gespenst herein.
Es stolpert – und Lisa steht ohne Laken da.
So ein Pech!

Nach **tz** (ab Seite 42)

Im Zoo

Tim und sein Vater besuchen den Zoo.
In der Ferne schreien laut die Pfauen.
Die Elefanten nehmen ein Staubbad in ihrem Gehege.
Zum Schluss gehen sie zu den Pferden
im Schlafanzug – den Zebras.

Nach **nk/ng** (ab Seite 47)

Hexe Trixi

Die kleine Hexe Trixi kauft einen Besen.
Nun will sie nach Hause fliegen.
Doch der Besen fliegt mit ihr kreuz und quer durch die Luft.
Nach einem wilden Ritt gelangt sie endlich nach Hause.

Nach **Ü/ü** (ab Seite 54)

Auf Lachsfang

Kai verbringt seine Ferien bei seinem Großvater in Kanada.
Sie wollen Lachse fangen,
die in ihr Laichgewässer zurückwandern.
Plötzlich hören sie ein lautes Brummen.
Auch ein Braunbär will Lachse fangen.